Calistenia

Ejercicios para el ejercicio de la gimnasia calisténica definitiva para principiantes Guía y rutinas de entrenamiento para la rutina + Plan de acción para la construcción muscular del Dios griego de 30 días

Por Jennifer Louissa

Para más libros visite:

HMWPublishing.com

Consigua otro libro gratis

Quiero darle las gracias por comprar este libro y ofrecerle otro libro (largo y valioso como este libro), "Errores de salud y de entrenamiento físico que no sabe que está cometiendo", completamente gratis. Desafortunadamente este libro solo está disponible en inglés. Aún espero que disfrute este regalo.

Visite el enlace siguiente para registrarse y recibirlo: www.hmwpublishing.com/gift

En este libro, voy a desglosar los errores más comunes de salud y de entrenamiento físico que probablemente usted esté cometiendo en este momento, y le revelaré cómo puede llegar fácilmente a la mejor forma de su vida.

Además de este valioso regalo, también tendrá la oportunidad de obtener nuestros nuevos libros de forma gratuita, participar en sorteos y recibir otros correos electrónicos de mi parte. De nuevo, visite el enlace para registrarse: **www.hmwpublishing.com/gift**

Tabla de contenido

Introducción 7
Capítulo 1 - ¿Qué es la calistenia? 10
    ¿Tiene usted lesiones? 12

Capítulo 2 - Evite estos errores de calistenia 14
    La siguiente es una lista de los errores más comunes que cometen los principiantes 14
        Falta de concentración: 14
        Entrenamiento con altas repeticiones 15
        Falta de consistencia: 15
        La ausencia de objetivos: 16
        Avanzando demasiado rápido: 16

Capítulo 3 - ¿Qué ventajas obtengo de la calistenia en comparación con otros entrenamientos? 17
    El ejercicio gratis en casa sin equipamientos 17
    Entrenamiento de cuerpo completo 18
    Perder grasa de manera eficaz 19
    Desarrollar resistencia 19
    Técnica de entrenamiento muy segura 21

Capítulo 4 - Los mejores ejercicios de calistenia para principiantes 22
    Las dominadas y *Chin-ups* 23

Las flexiones de brazos 26
Flexiones de Superman 27
Las sentadillas 28
La prueba de Burpee y *Mountain Climbers* 30
Mountain Climbers 32
Las sentadillas de prisionero 32
Zancadas 34
Dips 35
Abdominales 36
El abdominal estándar 38
Los aumentos dorsales 39
Abdominales oblicuos en V 40
Los puntos críticos para estos entrenamientos: 42
Consejos para principiantes 43

Capítulo 5- Métodos de calistenia para construir músculo real 46

Abdominales calisténicos 46
La espalda, los hombros y el pecho 47
Brazos de calistenia 51
Piernas de calistenia 52
Los diez directivas de calistenia para la masa muscular 53
¿Cómo puede hacer esos ejercicios en casa o en la calle? .. 55
La dieta de calistenia 56
Aquí está la estrategia para el éxito con esta dieta: 57

Coma lo más natural posible 57
Coma productos orgánicos cuando sea posible 57
Obtenga su proteína 58
Granos y lácteos 60
Mantenga un diario alimenticio: 62

Capítulo 6 - Errores para evitar en su dieta 63
Error 1: comer alimentos procesados y poco saludables.
.... 64
Error 2: No obtener suficiente proteína. 65

Capítulo 7 - Desafío de calistenia de 30 días 68
Rutina de calentamiento: 69
El desafío 70
Sentadilla 70
Zancada inversa 71
Presa de hombro 71
Flexión de codos 72
Diamond Press Up 72
Abdominal estándar inverso 73
Prueba de burpee 74

Últimas palabras **75**
Sobre el co-autor **77**

Introducción

Quiero agradecerle y felicitarle por la descarga de este libro "Calistenia para principiantes". Este libro contiene pasos y estrategias comprobados sobre cómo realizar ejercicios de calistenia en su casa o en la calle e incluye todo lo que necesita para comenzar en la dirección correcta de forma segura. También descubrirá de qué se trata exactamente la calistenia y cuáles son los errores cruciales que debe evitar al realizar estos ejercicios.

Además, aprenderá las ventajas de la calistenia en comparación con otros entrenamientos y compartiré con usted algunos de los mejores ejercicios para principiantes para obtener los resultados más impactantes. Del mismo modo, este libro también explicará y revelará los mejores métodos para desarrollar músculo, así como compartir con usted los errores de dieta más comunes que las personas cometen y cómo puede evitar esta trampa. Por último, también le proporcionamos una rutina de ejercicios de 30 días, ¡que puede comenzar de inmediato!

Además, antes de comenzar, le recomiendo que se una a nuestro boletín informativo por correo electrónico para recibir actualizaciones sobre cualquier próxima publicación o promoción de un nuevo libro. Puede registrarse de forma gratuita y, como bonificación, recibirá un regalo gratis. ¡Nuestro libro "Errores de salud y de entrenamiento físico que no sabe que está cometiendo"! Este libro ha sido escrito para desmitificar, exponer lo que se debe y no se debe hacer y, finalmente, equiparle con la información que necesita para estar en la mejor forma de su vida. Debido a la abrumadora cantidad de información errónea y mentiras contadas por las revistas y los autoproclamados "gurús", cada vez es más difícil obtener información confiable para ponerse en forma. A diferencia de tener que pasar por docenas de fuentes parciales, poco confiables y no confiables para obtener su información de salud y estado físico. Todo lo que necesita para ayudarle se ha desglosado en este libro para que pueda seguirlo fácilmente y obtener resultados inmediatos para alcanzar sus objetivos de actividad física deseados en el menor tiempo posible.

Una vez más, para unirse a nuestro boletín gratuito por correo electrónico y recibir una copia gratuita de este valioso libro, visite el enlace y regístrese ahora: www.hmwpublishing.com/gift

Capítulo 1 - ¿Qué es la calistenia?

Incluso si el nombre parece extraño, ¡probablemente ya haya probado la calistenia sin saberlo! Si alguna vez ha realizado flexiones de brazos y otros ejercicios similares, entonces probablemente ha estado haciendo calistenia. La calistenia consiste en ejercicios que incluyen una variedad de movimientos corporales generalmente sin usar equipamientos o aparatos que usan poco o ningún peso adicional, y se conoce comúnmente como un entrenamiento de peso corporal. La calistenia se puede lanzar como una rutina diaria de entrenamiento o siguiendo programas y planes de entrenamiento. Es conveniente y tiene muchas ventajas, y se puede adaptar a los aprendices principiantes, intermedios o avanzados.

La calistenia es para todos. Una de sus mejores cosas es que proporciona muchos ejercicios de entrenamiento para todos los niveles. La calistenia es una cuestión de progreso, y solo porque encuentra dificultades y comienza desde un nivel bajo, no significa que no tendrá buenos resultados. Así que comience en su nivel, el nivel con el que se sienta cómodo pero sólo asegúrese de seguir adelante. Cuanto más entrene, más rápido se encontrará progresando a través de las etapas. La calistenia es la solución para cualquier persona trabajadora que lleve una vida ocupada y obligada a viajar lejos de casa. El espacio de la oficina, una habitación de hotel, parques públicos; en cualquier lugar hay un espacio abierto para moverse de manera segura donde es posible hacer calistenia.

¿Tiene usted lesiones?

La calistenia también es excelente para recuperarse de una lesión. Si sufrió una lesión debido a la actividad física o en su vida diaria, comenzar la calistenia le permitirá dar un paso atrás y volver a evaluar esa área específica. Algunas lesiones deportivas causadas por tendones y músculos debilitados; la recuperación rápida y duradera proviene del fortalecimiento de esa área. La calistenia le permitirá recuperar su entrenamiento de fuerza y vigorizar esa zona.

Las ventajas de la calistenia no sólo le beneficiará ahora, sino que también le ayudará en el futuro. Le permite mantenerse flexible, tener una resistencia alta para los músculos abdominales y la zona lumbar y asegurarse de mantener una buena postura. Mantenerse en forma y saludable también le permitirá estar libre de dolores en su tercera edad; es el secreto del bienestar.

Capítulo 2 - Evite estos errores de calistenia

Evidentemente, hacerse más fuerte con la calistenia no es algo sencillo. Como resultado, muchos de nosotros, especialmente los principiantes, cometemos errores durante el entrenamiento.

La siguiente es una lista de los errores más comunes que cometen los principiantes

Falta de concentración:

Los principiantes suelen cometer este error cuando no sienten ningún progreso o progresan más lento de lo esperado. Así que están cambiando los programas de entrenamiento y los objetivos demasiado rápido.

Entrenamiento con altas repeticiones

Las altas repeticiones son esenciales para la resistencia. Pero no le hará más fuerte. De hecho, no verá mucho cambio psíquico en su cuerpo. Muchas personas harán un entrenamiento y no contarán las repeticiones, sino que harán todas las que puedan. Esto no es muy grave, pero no verá un cambio rápido. Debe mantener sus repeticiones entre 8 y 12 repeticiones. Bloqueó mi progreso en el entrenamiento de fuerza cuando era joven, cuando solía cometer el error de ir tantas veces como podía y entonces veía a mi amigo hacer 8 repeticiones con un movimiento más lento y más controlado.

Falta de consistencia:

La falta de disciplina y motivación implica una falta de consistencia. La única forma de fortalecerse es ser consistente y hacer que su rutina sea un hábito.

La ausencia de objetivos:

Los objetivos faltantes conducen a la falta de concentración, disminuye la motivación y causa aburrimiento. Entonces, establecer metas es un elemento esencial de un entrenamiento exitoso.

Avanzando demasiado rápido:

Este es un error en el que he caído; no pasé el tiempo necesario para prepararme y formar la base adecuada. Es peligroso y puede provocar una lesión y detiene su progreso. Espero que no entre en esa situación. Debe evitar esto siguiendo las progresiones y usando algo de sentido común.

Capítulo 3 - ¿Qué ventajas obtengo de la calistenia en comparación con otros entrenamientos?

El ejercicio gratis en casa sin equipamientos

El beneficio más notable de la calistenia es que casi no necesita ningún equipamiento o mucho espacio. En otras palabras, ¡no tiene que irse de casa! Esto trae beneficios adicionales: con respecto a la eficiencia del tiempo. Esto significa que no tiene que perder tiempo para ir al gimnasio y luego volver a casa. La calistenia no necesita ningún equipamiento de gimnasio o máquinas y se puede realizar en su propia casa. Por lo tanto, la calistenia es uno de los ejercicios de entrenamiento más prácticos. Y como no tiene que salir de la casa, no tiene que preocuparse por los costos de viaje.

La calistenia es 100% gratis, así que no malgaste su dinero pagando costosas membresías en gimnasios mientras pueda hacer un mejor uso de ese efectivo. En general, puede realizar ejercicios de calistenia en cualquier lugar y en cualquier momento.

Entrenamiento de cuerpo completo

La calistenia se dirige a una variedad de grupos musculares en un solo ejercicio. La mayoría de los ejercicios de calistenia involucran a más de un grupo muscular. Aún más, estos músculos tienen que trabajar con conformidad. El siguiente ejemplo muestra que cada ejercicio involucra múltiples grupos musculares al mismo tiempo y cuando agrega más entrenamientos con poco o ningún descanso entre ellos, se lo denomina "superconjunto".

Perder grasa de manera eficaz

Si desea perder grasa, la calistenia es una de las maneras más eficientes de lograr esto. Su entrenamiento debe incluir algunos ejercicios de fuerza e incluir algunos ejercicios cardiovasculares. Simplemente haciendo su entrenamiento con poco o nada de descanso puede verse como una forma de cardio ya que está elevando su ritmo cardíaco en la "zona de quema de grasa". Es necesario perder peso de manera más eficiente y desarrollar músculos, así como fortalecer los tejidos blandos. La calistenia se puede realizar fácilmente con alta intensidad.

Desarrollar resistencia

El ejercicio calisténico realizado de manera adecuada en el número ajustado de repeticiones y series puede aumentar sin duda la resistencia del cuerpo.

Especialmente para ejercicios de resistencia muscular y peso corporal, que exigen que mantenga una posición inmóvil durante un período prolongado. El ejemplo visual debajo se llama el "Plank" y es uno de los muchos ejercicios que puede hacer manteniendo una posición durante un tiempo. Esto también se puede ver como una forma de estiramiento de resistencia. Es increíble para el dolor en la parte baja de la espalda y para mantener apretado su núcleo.

Técnica de entrenamiento muy segura

Los movimientos de calistenia son naturales y suaves. Nuestro peso corporal es el peso máximo que estamos moviendo, y es algo que nuestros músculos están acostumbrados a hacer.

Capítulo 4 - Los mejores ejercicios de calistenia para principiantes

Para cada principiante, lo más significativo es, sin duda, la construcción de la fuerza de base. Y para desarrollar una base sólida, esto es necesario para enfocarse en ejercicios esenciales como flexiones, dominadas, elevaciones de piernas y sentadillas. Estos son los conceptos básicos y lo básico es lo que funciona y le ayuda a progresar más. Aquellos que buscan resultados rápidos probablemente intentarán progresar más rápido, pero a medida que mejoran y tratan de enseñar una nueva competencia, pueden encontrar problemas porque están realizando mal los ejercicios básicos.

La calistenia, como los ejercicios de peso corporal, es un ejercicio que no requiere el uso de equipamientos para trabajar los músculos y aumentar la frecuencia cardíaca. El ejercicio común calisténico incluye flexiones de brazos, dominadas, *burpees*, sentadillas, dips, saltos, ejercicios para el abdomen y correr. Para hacer el ejercicio más fácil puede, por ejemplo, cambiar la posición de sus manos mientras hace dominadas u otros ejercicios. Los entrenamientos que requieren que use sus piernas no serán fáciles si tiene problemas con la rodilla o la región lumbar. Los ejercicios que ejercen más presión sobre los músculos más pequeños, como el tríceps, también serán más difíciles que aquellos que involucran principalmente músculos más grandes, como el bíceps.

Las dominadas y *Chin-ups*

La calistenia estándar para construir la fuerza de la parte superior del cuerpo incluye las dominadas y los *chin-ups*. Las dominadas, porque dependen más del tríceps y del músculo dorsal ancho que los bíceps y pectorales, son más difíciles que los *chin-ups*. Realícelos pausando lentamente después de las repeticiones y usando el esfuerzo muscular para derribarlo en lugar de caer con la gravedad para hacer el ejercicio más difícil.

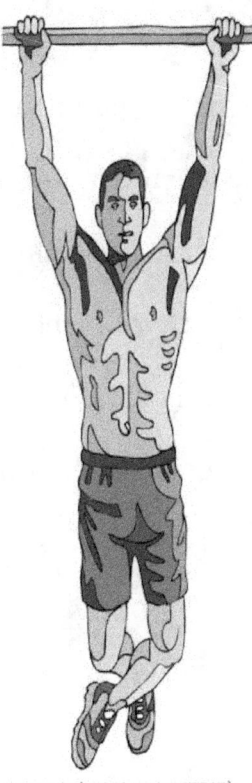 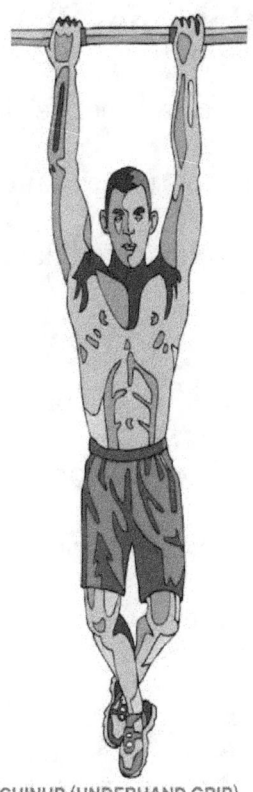

• **PULLUP (OVERHAND GRIP)**
Compared against the chinup, the pullup better activates your lower traps—key players in the quest for a V-shaped torso. It also works your lats and infraspinatus muscles, which help rotate your shoulder joints.

• **CHINUP (UNDERHAND GRIP)**
Although technically a back exercise, the chinup also activates your biceps and pectoral muscles. If you find pullups too hard, give chinups a try.

Las flexiones de brazos

Hasta que se fortalezca la parte superior del cuerpo, los principiantes pueden hacer flexiones desde una posición arrodillada. Al hacer la posición de tabla, las flexiones son más difíciles si coloca las manos más lejos y realiza las repeticiones en gran medida. Una forma más avanzada de flexiones de calistenia se llama flexiones de brazos e inclinaciones de Superman y son aún más desafiantes.

Flexiones de Superman

Las flexiones de Superman se realizan con los brazos estirados en vez de doblados, y necesita usar menos bíceps y más tríceps. Las flexiones inclinadas se realizan en un ángulo de 45 grados, con la cabeza hacia el suelo y los pies en un banco, o las manos en un banco y los pies hacia el suelo. El siguiente ejemplo muestra la posición final de flexión de Superman.

Empiece haciendo una flexión estándar y mientras suba, en lugar de subir lentamente; use un movimiento de ráfaga completo y trate de levantarse del suelo para nacer en el aire. Esto requiere mucha práctica, y la parte más desafiante es despegar los pies del suelo usando la energía de su pecho y de sus brazos y abdominales, ya que es su abdomen inferior el que controla sus piernas para mantenerse recto, como Superman volando. ¡Una excelente forma de impresionar a la gente también!

Las sentadillas

Las sentadillas son uno de los ejercicios esenciales que debe incluir en su entrenamiento de calistenia para aumentar la fuerza de su cuerpo. Póngase de pie con los dedos de los pies apuntando hacia adelante y los pies a la altura de los hombros. Comience el movimiento bajando las caderas y doblando las rodillas en posición de sentadilla manteniendo el torso entre las piernas.

Redondee la acción empujando las caderas hacia delante y estirando las rodillas para volver a ponerse de pie. Las variaciones de las técnicas de sentadillas incluyen sentadillas de pared y sentadillas de sumo para principiantes y sentadillas de una pierna para aquellos que están en un entrenamiento de alto nivel.

Con peso (también puede usar pesas sujetandolas a medida que baja en lugar de sobre su hombro (como esta imagen aquí) utilizando una barra de pesas).

La prueba de Burpee y *Mountain Climbers*

Debido a la cantidad de esfuerzo que requieren, los *Burpees* y los *Mountain Climbers* son difíciles de realizar durante largos períodos de tiempo, pero son fáciles de aprender. Durante un *burpee*, debe moverse rápidamente desde una posición de pie hasta agacharse. Luego relaje las piernas para obtener una posición de tabla. Antes de volver a la posición de agacharse, haga una flexión con aplauso; y después levántese. Para hacer *Mountain Climbers*, póngase en posición de corredor con las manos delante de los hombros y el trasero apuntando hacia arriba. Luego patee sus piernas hacia atrás como si estuviera corriendo por una colina arriba en cuatro patas, una a la vez, mientras la otra avanza.

Ejercicio de *burpee*: Si no puede hacer el paso # 7 (el salto debido a la lesión en la pierna o la rodilla) haga un pequeño salto pero mantenga apretado su núcleo con sus brazos sobre su cabeza.

Mountain Climbers

Realice este ejercicio como si estuviera subiendo una montaña vertical doblando sus rodillas y apretando al mismo tiempo.

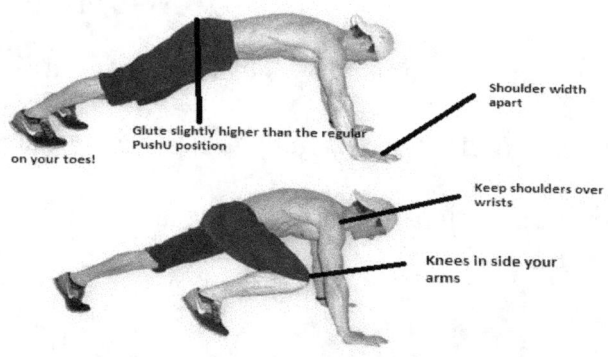

Las sentadillas de prisionero

Al estirar el pecho y los hombros, la sentadilla de prisionero fortalece todos los músculos de la parte inferior del cuerpo. Póngase de pie con las puntas de los dedos tocando la parte posterior de la cabeza y los pies al ancho de los hombros. Levante el pecho y empuje los codos hacia atrás y doble las rodillas, empuje las caderas hacia atrás y haga una sentadilla hasta que sus muslos estén paralelos al suelo. Póngase de pie y luego hágalo de nuevo. No se incline demasiado hacia delante. Simplemente mantenga su peso sobre sus talones. Intente mantener sus hombros en sus pies todo el tiempo.

Como una persona atrapada en el acto; ponga sus manos detrás de su cabeza y cállese. Como cuando ve películas o se6ries de prisión y siempre desea poder tener un cuerpo del prisionero grande...¡esta es su oportunidad! :)

Zancadas

Las zancadas mejoran la flexibilidad, fuerza y resistencia de la pierna. Al igual que la posición de la sentadilla, inicie el movimiento de la zancada en posición recta con los pies al ancho de los hombros, y los dedos apuntando hacia adelante. Ponga una de sus piernas hacia delante mientras se inclina en las caderas y rodillas hasta que alcance una posición más baja con ambas rodillas dobladas en un ángulo máximo de 90 grados. Con la misma pierna utilizada para avanzar, empuje hacia arriba y vuelva a la posición inicial. Las gamas de técnicas de zancadas se expanden desde zancadas básicas y fáciles para principiantes hasta zancadas laterales y de reversa para las más avanzadas.

Dips

Los dips son ejercicios para practicar en un banco, usando dos sillas o barras. Usted se levanta y se baja con las piernas rectas o en ángulo frente a usted o detrás de usted. Puede realizar los dips de silla en casa. Tiene que presionar con las manos en el respaldo de dos sillas, doblar las rodillas hacia atrás y cruzar los tobillos detrás de usted, y terminar subiendo y bajando. Si quiere hacer el ejercicio más difícil, mueva sus manos ligeramente detrás de sus caderas para que sus tríceps y músculo dorsal ancho funcionen más. Otra variación exige realizar dips contra su sofá, con las piernas estiradas y las manos detrás de usted. Ponga sus pies en el suelo, luego suba y baje.

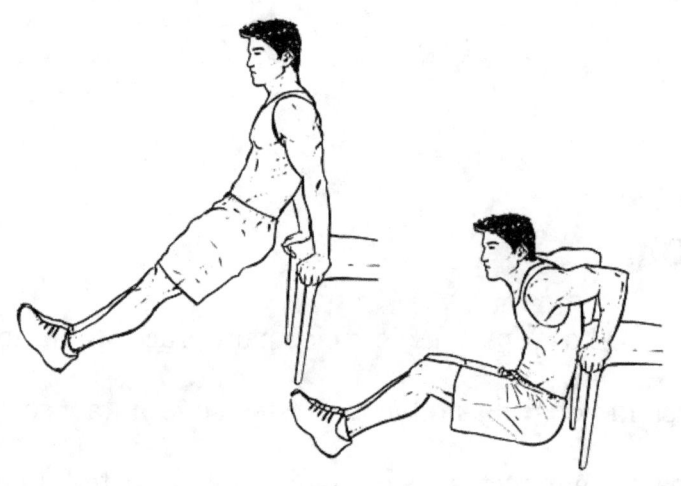

Abdominales

Los abdominales son una forma perfecta de fortalecer los músculos abdominales y los flexores de la cadera. Existe una deficiencia de la funcionalidad en este movimiento en la superficie plana, ya que una superficie plana no permite que los abdominales de la mayoría de las personas se activen cuando inician el movimiento correctamente. Los abdominales se pueden hacer con los pies fijos o no. Tener los pies fijos aumenta la velocidad a la que los abdominales pueden verse afectados, lo que intensifica la exigencia metabólica pero también cambia el reclutamiento más a los flexores de la cadera.

Coloque las plantas de sus pies al mismo tiempo, con las rodillas hacia los lados y gire lentamente hacia arriba en una posición sentada completamente erguida, sin sacudidas en el movimiento para tomar los flexores de cadera fuera del movimiento y necesita los abdominales para hacer el trabajo. Para variar la carga de los abdominales, puede hacerlos en una posición pendiente o en declive, como las flexiones. También puede cambiar la posición de su brazo para disminuir la dificultad del movimiento. Mantener ambos brazos rectos por encima de las orejas es más difícil que mantener los brazos a los lados. Mantener el peso en el pecho o en la parte superior aumenta aún más los requisitos.

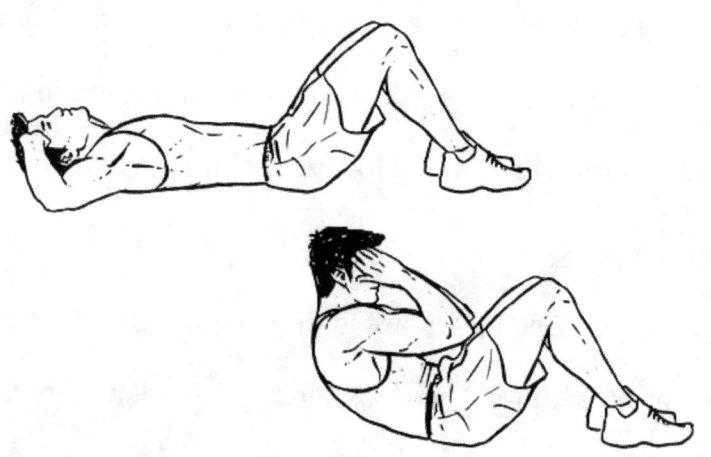

El abdominal estándar

El abdominal estándar es más difícil que la sentadilla porque sus hombros nunca tocan el suelo, manteniendo sus músculos en uso todo el tiempo. Las alteraciones como las patadas en bicicleta que mueven su cuerpo de un lado a otro mientras estampa sus piernas con movimientos hacia adelante y hacia atrás, y abdominales oblicuos laterales, mejoran la dificultad porque mueve su cuerpo sin el uso de brazos y piernas.

Los aumentos dorsales

A lo largo de este ejercicio, mantenga los pies en el suelo y las piernas rectas. Su frente descansando en el suelo, sus manos colocadas detrás de la parte baja de su espalda y se acuesta en su frente. Levante la cabeza y el pecho unos 6 cm del suelo y luego regrese suavemente a la posición de partida. Solo empuje hacia arriba lo máximo que se sienta cómodo. Deje que este ejercicio sea más difícil colocando las manos en las sienes.

Abdominales oblicuos en V

Una rutina de ejercicios de calistenia no es completa sin un ejercicio abdominal oblicuo en forma de V. Comience el movimiento acostado en uno de sus lados manteniendo las piernas extendidas desde las caderas en un ángulo de 30 grados. Mantenga su brazo derecho en el suelo y coloque su mano izquierda detrás de su cabeza. Mantengalos rectos, levante las piernas del suelo, conduzca el torso hacia la pierna y luego regrese suavemente a la postura inicial. Complete las repeticiones como quiera en ambos lados.

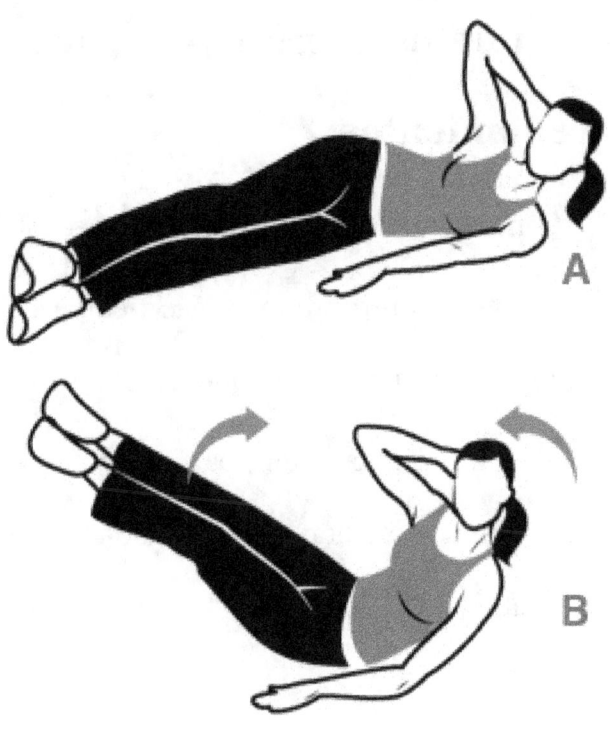

Estos son algunos de los entrenamientos de calistenia básicos. La mayoría de ellos se utilizan para reforzar la fuerza de la mano y sujetar el núcleo, la escápula, la fuerza del brazo recto y el entrenamiento del sistema nervioso.

Los puntos críticos para estos entrenamientos:

- Concéntrese en la calidad más que en la cantidad.

- Siéntase libre de tomar más tiempo de descanso entre posiciones, ejercicios y rondas.

- Si un ejercicio en particular parece difícil, encuentre una variación más cómoda y acumúlelo a partir de allí.

Los entrenamientos de calistenia son fantásticos para obtener resultados rápidos ya que usa muchos músculos al mismo tiempo. Es como si estuviera haciendo un "superconjunto" de movimientos. Después de un par de semanas de hacer estos ejercicios básicos, puede pasar a ejercicios de calistenia más avanzados, como la movilidad del cuerpo superior, la movilidad del núcleo, los entrenamientos de movilidad del cuerpo inferior y la flexibilidad.

Consejos para principiantes

¡Es importante comenzar con lo básico como con todo en la vida! Siempre haga ejercicios de estiramiento antes y después de los ejercicios de calistenia para evitar lesiones y tensiones. El estiramiento sin duda ayuda a obtener más flexibilidad y es beneficioso para la recuperación muscular.

Un error común de los principiantes es que no hacen los ejercicios correctamente. He visto a muchas personas entrenar en la calle después de un corto período de tiempo porque no vieron ningún resultado. Esto se debió principalmente a que no realizaron los ejercicios correctamente. Es mejor hacer 5 flexiones con precisión qué hacer 10 flexiones. No puede desarrollar músculos fuertes si no controla el movimiento.

Si siente que una parte de su cuerpo es delicada, agregue más ejercicios para que su cuerpo se adapte y se mejore. Tiene que descubrir la calistenia para alcanzar sus objetivos.

Tenga en cuenta que cualquier ejercicio de calistenia debe realizarse con la técnica, la forma y la respiración adecuada. La realización incorrecta de cualquier rutina calisténica puede causar tensión innecesaria en sus articulaciones. Cuando se ejecuta correctamente, cualquier ejercicio de calistenia es divertido y muy eficiente.

Capítulo 5- Métodos de calistenia para construir músculo real

Al pensar en ello, no fue hace tanto tiempo que los hombres los más musculosos del mundo no tenían equipamientos de gimnasia ni acceso a pesas para obtener el tamaño y la fuerza muscular. Por el contrario, confiaron en la calistenia y el entrenamiento con pesas para crecer, hacerse más fuertes y más rápidos. Por lo tanto, usted está en el camino correcto para comenzar un entrenamiento que puede ayudarle a obtener músculos más grandes y tonificados sin tener que ir al gimnasio.

Abdominales calisténicos

El cuerpo de calistenia comienza en el medio porque usa los abdominales para cada ejercicio individual cuando entrena con el peso corporal. La forma estándar de trabajar los abdominales es usar la máquina en el gimnasio; los abdominales calisténicos se fabrican con movimientos como el levantamiento de piernas. Debido a que dependen fuertemente del serrato anterior además de los músculos en los que siempre piensa cuando hablamos de abdominales, estos movimientos tienen un impacto directo en la apariencia general del tronco. Esto tiene un efecto significativo en la configuración y el encuadre de toda la región abdominal. Es por eso que cuando busca una imagen en Google en relación con la calistenia, obtiene personas con buenos abdominales o también dicho en inglés 6 *packs*.

La espalda, los hombros y el pecho

El músculo dorsal ancho es particularmente una marca registrada del cuerpo de calistenia. Debido a que no buscamos aislar los brazos, tenemos una gran posibilidad de liberar el potencial genético de nuestros músculos dorsales anchos realizando flexiones, dominadas, *muscles-ups* y "la bandera humana". Los músculos dorsales anchos juegan un papel atroz en este tipo de ejercicio y muchos otros. Cómo lo habéis leído antes, "la bandera humana" involucra una parte sustancial de los abdominales, los hombros y la fuerza del brazo, así como muchos otros músculos.

Su desarrollo es un claro resultado de un programa de extracción de peso corporal suficiente. Los hombros se utilizan en todos los ejercicios de fuerza de calistenia de la parte superior del cuerpo. Cuando entrenamos a hacer una flexión en parada de manos, la "V" formada por los dorsales se hace más grande. Si practica mucho este ejercicio, notará un cambio drástico en sus hombros.

Sin lugar a dudas, la flexión de codos es el más grande de todos los ejercicios de pecho. Se puede avanzar para dar un golpe mucho más significativo que la versión clásica que todos conocemos y que es un excelente ejercicio en sí mismo. Además, podemos realizar actividades como estas mientras estamos inclinados, mientras que limitamos los puntos de contacto o al aumentar el rango de movimiento. Todos estos métodos usan una estrategia progresiva para construir un pecho muscular, duro y potente. Ese pecho será su palanca una vez que realice la flexión de codos, que mezcla el equilibrio, la estabilidad, el rango de movimiento y la sobrecarga muscular en un solo ejercicio.

Brazos de calistenia

Al igual que con los abdominales, cuando se trata de los brazos, su mejor amigo es la barra, especialmente los bíceps, que obtienen un mejor entrenamiento de las dominadas que de todas las elevaciones del mundo. Las ganancias son espectaculares, y las opciones son infinitas cuando está tirando mucho más peso de lo normal. Haga todo tipo de dominadas y creará increíble fuerza flexible y fuerte tejido conectivo. Para obtener los antebrazos que harían a Popeye celoso, mezcle cambios avanzados de flexiones con el entrenamiento de agarre que obtiene del trabajo de barra. Puede exigir muchos ejercicios de aislamiento basados en máquinas para golpear los brazos, el pecho y los hombros desde tantos ángulos como los grandes saltos pasados de moda. Bien hecho profundo (ir levemente por debajo del ángulo de 90 grados), con el estilo de todas las variaciones, los resultados son indiscutibles. Pruebe varios anchos de mano diferentes para obtener mejores resultados. También se pueden realizar en un banco o barra recta.

Piernas de calistenia

Si se conforma con el peso corporal para entrenar sus piernas, ciertamente se fortalecen. Y no se debe a la resistencia externa, sino a la manipulación de la gravedad y la realización de todos los tipos de movimiento. Las sentadillas de peso corporal van hasta el suelo, quiero decir culo a tobillos. Estoy interesado en construir poder a través de la expresión completa de un movimiento. Intente hacer 50 sentadillas de peso corporal hasta abajo. Si siente que es fácil, hágalo de todos modos solo para estar seguro. Y si es fácil, ¡agregue cinco más con una sola pierna!

Los entrenamientos como las sentadillas de pistola utilizan nuestro sentido innato de equilibrio, que desafortunadamente muchos de nosotros hemos perdido a lo largo de los años. Para que este movimiento sea perfecto, debe empujar, tirar y estabilizar usando todos los músculos de sus piernas, en una gran mezcla de fuerza y movilidad. Otros conceptos básicos de calistenia es *Back bridging*. Exige más reclutamiento de isquiotibiales, glúteos y erectores espinales. La fuerza real y la excelente flexibilidad combinadas formarán la parte trasera de un guerrero de calistenia.

Los diez directivas de calistenia para la masa muscular

DIRECTIVA 1: ¡Haga repeticiones!

DIRECTIVA 2: ¡Trabaje duro!

DIRECTIVA 3: ¡Use ejercicios simples y compuestos!

DIRECTIVA 4: ¡Reduzca las repeticiones!

DIRECTIVA 5: ¡Concéntrese en el progreso y use un diario de entrenamiento!

DIRECTIVA 6: ¡Siéntese libre de descansar!

DIRECTIVA 7: ¡Siga comiendo saludable todo el tiempo!

DIRECTIVA 8: ¡Duerma bien!

DIRECTIVA 9: ¡Entrene su mente mientras entrena su cuerpo!

DIRECTIVA 10: ¡Pongase fuerte!

Al final, estará de acuerdo en que los ejercicios de calistenia son geniales para desarrollar fuerza natural, fácil o difícil. Los resultados del ejercicio de calistenia intenso, exigente y robusto producirán resultados increíbles.

¿Cómo puede hacer esos ejercicios en casa o en la calle?

No es necesario usar equipamientos. No es del todo cierto, pero la mayoría de los ejercicios de calistenia no requieren equipamientos. Si encuentra algo para hacer algunas dominadas, entonces está listo para comenzar. Por otro lado, puede encontrar una barra de dominadas o una barra de marco de puerta por muy poco dinero. Puede hacer su estación como hice con una barra de dominadas y una estación de dips si es creativo. A la larga, hacer calistenia le costará mucho menos que ir al gimnasio, y puede entrenar cuando quiera en la comodidad de su casa. No hay necesidad de esperar por las máquinas, viajar, etc. Además, no debemos olvidar que hay árewas de juegos para el ejercicio de forma gratuita en muchas ciudades. Los encontré simplemente dando un paseo y siendo creativo.

La dieta de calistenia

Además de las técnicas de entrenamientos regulares para seguir estimulando los músculos para que crezcan, también puede obtener más fuerza y tamaño muscular siguiendo una dieta. Desarrollar un físico bien esculpido exige más que solo entrenamiento. Para construir realmente el cuerpo deseado que muestra sus músculos fuertes y todo su trabajo duro, debe comer bien. La dieta calisténica no es difícil o complicada, pero todavía requiere el mismo tipo de trabajo duro y la dureza mental de hacer ejercicios de peso corporal.

Siga la dieta de calistenia para obtener el cuerpo de calistenia que desea. Si está listo para comprometerse con la dieta de calistenia y desea aumentar sus esfuerzos de entrenamiento, obliguese a comer bien y termine con la comida basura. Ese es un buen lugar para comenzar.

Una vez que está acostumbrado a comer sano, el resto no es difícil. La dieta calisténica no es nada difícil. No hay un sistema complicado a seguir, no es necesario tomar pastillas o suplementos o comprar alimentos empaquetados caros.

Aquí está la estrategia para el éxito con esta dieta:

Coma lo más natural posible

Si se toma en serio la dieta calisténica, debe despedirse de la comida basura.

Coma productos orgánicos cuando sea posible

Todos sabemos que las frutas y las verduras son buenas. Siempre que pueda, intente comer productos orgánicos. Más claramente, estos son alimentos que se han cultivado en tierras de cultivo y pastos sin pesticidas químicos sintéticos, aditivos alimentarios o agentes antibióticos durante más de tres años. Así que coma productos orgánicos si es posible, especialmente cuando tenga que comer la piel o la cáscara del alimento. Si no tiene suficiente dinero para comprar productos orgánicos, coma productos convencionales, pero asegúrese de lavarlos y frotarlos bien.

Obtenga su proteína

Necesita comer proteína para reparar sus músculos dañados después de un duro entrenamiento corporal, y eso es exactamente lo que quiere de un entrenamiento. Sus músculos necesitan los aminoácidos esenciales que se encuentran en la proteína después del entrenamiento para crecer y fortalecerse. Para reducir los costos tiene que consumir más proteína a base de plantas y comprar carne de animal de alta calidad a granel. Comer a aproximadamente 1 gramo de proteína por cada libra de peso corporal por día es un objetivo excelente para alcanzar si está entrenando y tratando de desarrollar músculo fuerte. Puede hacerlo comiendo alimentos como claras de huevo, productos lácteos bajos en grasa como leche y yogur, nueces y semillas, carnes magras y aves de corral sin piel.

Vegetarianos/lacto-ovo-vegetarianos (comen productos lácteos y huevos); este es el tipo más común de dieta vegetariana. Los lacto-vegetarianos comen productos lácteos pero evitan los huevos.

Veganos: (no consumen productos lácteos, huevos ni ningún otro producto derivado de animales). Está bien si reemplaza su "ingesta de carne" por muchos tipos de frijoles y nueces, pero igual necesitará tomar suplementos de aceite de pescado, omega 3 y aminoácidos para asegurarse de que está obteniendo todo lo que su cuerpo necesita e incluso más para crecer.

Granos y lácteos

¿El gluten y los lácteos son amigos o enemigos? No puedo darle una respuesta definitiva. Yo como el pan y la leche de almendras con regularidad y no tengo problemas con ellos, pero conozco a muchos otros que deben evitar estos alimentos u otros sufren hinchazón, dolor y deficiencia de energía.

Mi sugerencia: intente eliminar los granos ricos en gluten (alimentos como el centeno, el trigo y la cebada) y lácteos de su dieta durante 30 días, luego verifique si se siente mejor o no. Es importante saber que siempre puede obtener todas sus proteínas, carbohidratos, grasas y vitaminas de fuentes no lácteas como la carne, las patatas y las verduras, así que eliminar los cereales y lácteos de su dieta no dañará su cuerpo, entrenamiento o su salud.

Las verduras, las legumbres, los frutos secos, las frutas y los cereales integrales son saludables. Proporcionan a su cuerpo vitaminas, nutrientes y antioxidantes necesarios para reparar el daño celular y desarrollar músculo fuerte después de un entrenamiento largo y duro. En comparación con el tipo de comida que encontrará en un lugar de comida rápida, estos alimentos también son bajos en calorías, colesterol y grasa. Comprometerse con una dieta basada en alimentos integrales le ayudará a perder grasa corporal, y eso es lo que necesita para mostrar sus músculos fuertes y su trabajo duro.

Mantenga un diario alimenticio:

Tener un diario alimenticio puede ayudarle a alcanzar esos objetivos. Obtenga una libreta y anote todo lo que coma. Puede hacer esto incluso antes de decidir seguir la dieta de calistenia. Es una excelente manera de ver lo que está comiendo, contar sus calorías y observar qué hace bien y qué necesita cambiar.

Capítulo 6 - Errores para evitar en su dieta

La dieta es generalmente un elemento pasado por alto de buena salud. Si pone basura en su cuerpo, como alimentos procesados y toneladas de azúcar, afectará su salud severamente. Ganará peso y habrá posibilidades de desarrollar una multitud de problemas de salud como la diabetes y la enfermedad cardíaca. Mientras tanto, si proporciona cosas buenas a su cuerpo, obtendrá excelentes resultados en el exterior.

No puede seguir comiendo alimentos poco saludables solo porque está haciendo ejercicio. Por supuesto es mejor que si solo comiera esa misma dieta y no hiciera ejercicio. Pero necesita entrenar y mantener una dieta saludable si quiere ver un cambio real en su salud y cuerpo. La mayoría de los profesionales de la aptitud acuerdan que entrenar es solo el 50% de la batalla, el otro 50% es su dieta; así de importante es.

Hay dos errores principales que las personas cometen en cuanto a su dieta cuando hacen ejercicio:

Error 1: comer alimentos procesados y poco saludables.

Esto incluye comida rápida como helados, dulces y cenas congeladas. ¡Usted puede saber rápidamente si se trata de un alimento procesado! A menudo viene en una caja y no se ve como un alimento natural. Hoy en día, la mayoría de nosotros podemos darnos cuenta de que lo que estamos comiendo es saludable o no; entonces solo necesita rechazarlo. Por lo tanto, siga una dieta sana y equilibrada que incluya mariscos, carne, verduras, frutas, nueces y aceites.

Error 2: No obtener suficiente proteína.

La proteína es el componente esencial del músculo. Para ser claro, no le estoy diciendo que compre batidos de proteínas y que coma barritas de proteínas. Lo que quiero decir exactamente es que si quiere tener músculos fuertes para entrenar, entonces su dieta tiene que proporcionarle suficiente proteína. Entonces solo debe incorporar un poco más de proteína en su dieta diaria. Alimentos como huevos, pollo, pescado y todas las carnes deberían ser una parte principal de su comida diaria si está buscando desarrollar músculo y obtener energía con la calistenia.

Puede ponerse delgado siguiendo la dieta calisténica. No es tan dificil. Tiene que tomar una decisión para consumir un plan de alimentación limpio, y los resultados seguirán. Coma alimentos frescos y naturales y verá resultados sorprendentes en su estado físico y su salud.

Su cuerpo es el único equipamiento que necesitará para despedirse de las pesas. Los ejercicios de calistenia son una forma accesible de ejercicio con una variedad de movimientos simples que requieren solo su peso corporal para la fuerza. La falta de equipamiento no es un pretexto para no entrenar. Cualquier persona, en cualquier nivel de condición física, puede continuar con lo que está disponible gratuitamente en cualquier momento:

- Su cuerpo
- El terreno

Encontrará que los ejercicios de calistenia son beneficiosos porque son fáciles de aplicar todos los días. Con el ejercicio de calistenia, gradualmente aprenderá a tener control total sobre su propio cuerpo. Le sorprenderá lo que puede hacer el cuerpo humano, o lo que su cuerpo es capaz de hacer.

Capítulo 7 - Desafío de calistenia de 30 días

Ahora que tiene algunos conocimientos básicos de cómo la calistenia puede beneficiarlo y comprender mejor cómo funciona, aquí está nuestro desafío de calistenia de 30 días. Este desafío de aptitud será difícil al principio y, dependiendo de su nivel actual de condición física, es posible que tenga que ajustar la cantidad de series y repeticiones para que se ajusten a su rendimiento actual. Cada día tendrá una serie de ejercicios para realizar, y se recomienda aumentar la cantidad de repeticiones a medida que comienza a sentirse más fuerte.

Antes de comenzar este desafío, le recomiendo que comience con un calentamiento adecuado, como:

Rutina de calentamiento:

1. 2-3 minutos de saltar la cuerda

2. 50 saltos (tirar de los omóplatos hacia atrás, extender los brazos y concentrarse en el movimiento)

3. 10 extensiones de cadera

4. 5 rotaciones de cadera en cada pierna (como si estuviera pisando una valla)

5. 10 cambios de pierna delanteros (cada pierna)

6. 10 cambios de pierna laterales (cada pierna)

7. 10-20 flexiones (escala basada en su nivel de condición física)

8. 10 pasos de Spiderman (cada pierna)

Esto puede parecer mucho para el calentamiento, y también puede parecer que hay mucho que calentar para las caderas, el trasero y las piernas. Estos tienden a ser los músculos que son más apretados y que a menudo se pasan por alto. Sin embargo, estos músculos son más estrechos y menos activos y, por lo tanto, más susceptibles a una lesión.

El desafío

Sentadilla

3 series de 10 repeticiones (10 segundos de descanso entre cada conjunto)

Zancada inversa

3 series de 10 repeticiones (10 segundos de descanso entre cada conjunto)

Presa de hombro

3 series de 10 repeticiones (10 segundos de descanso entre cada conjunto)

Flexión de codos

3 series de 10 repeticiones (de 30 segundos de descanso entre cada conjunto)

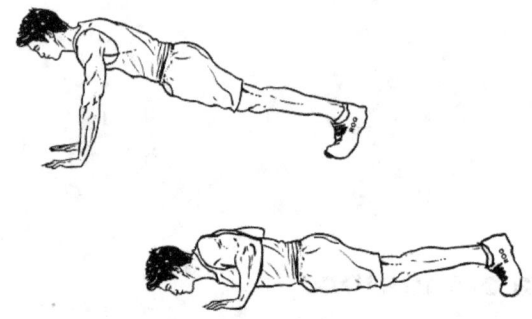

Diamond Press Up

3 series de 10 repeticiones (de 30 segundos de descanso entre cada conjunto)

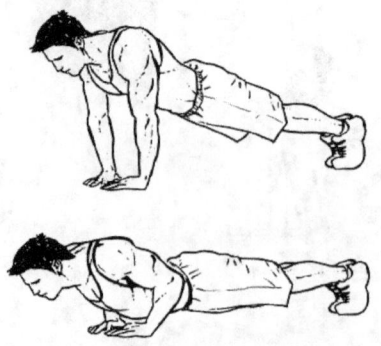

Abdominal estándar inverso

3 series de 10 repeticiones (de 30 segundos de descanso entre cada conjunto)

Prueba de burpee

3 series de 10 repeticiones (de 30 segundos de descanso entre cada conjunto)

Ahora todas las semanas durante las próximas 4 semanas debe aumentar la cantidad de repeticiones por 5. Entonces, en la primera semana haría 3 series de 10 repeticiones. La semana # 2, 3 series de 15 repeticiones. La semana # 3, 3 series de 20 repeticiones y, por último, la semana # 4, 3 series de 25 repeticiones.

Últimas palabras

¡Gracias nuevamente por comprar este libro!

Realmente espero que este libro pueda ayudarle.

El siguiente paso es que se una a nuestro boletín informativo por correo electrónico para recibir actualizaciones sobre cualquier próximo lanzamiento o promoción de un libro nuevo. ¡Usted puede registrarse de forma gratuita y, como beneficio adicional, también recibirá nuestro libro "7 Errores de salud y de entrenamiento físico que no sabe que está cometiendo"! Este libro de bonificación analiza muchos de los errores de estado físico más comunes y desmitifica muchas de las complejidades y la ciencia de ponerse en forma. ¡Tener todo este conocimiento y ciencia de la actividad física organizados en un libro paso a paso lo ayudará a comenzar en la dirección correcta en su viaje de entrenamiento! Para unirse a nuestro boletín gratuito por correo electrónico y tomar su libro gratis, visite el enlace y regístrese: www.hmwpublishing.com/gift

Finalmente, si usted ha disfrutado este libro, me gustaría pedirle un favor. ¿Sería tan amable de dejar una reseña para este libro? ¡Podría ser muy apreciado!

¡Gracias y mucha suerte!

Sobre el co-autor

Mi nombre es George Kaplo; Soy un entrenador personal certificado de Montreal, Canadá. Comenzaré diciendo que no soy el hombre más grande que usted conocerá y este nunca ha sido mi objetivo. De hecho, comencé a entrenar para superar mi mayor inseguridad cuando era más joven, que era mi autoconfianza. Esto se debió a mi altura que medía sólo 5 pies y 5 pulgadas (168 cm). Me empujó hacia abajo para intentar cualquier cosa que siempre quise lograr en la vida. Puede que usted esté pasando por algunos desafíos en este momento, o simplemente puede querer ponerse en forma, y ciertamente puedo relacionarme.

Después de mucho trabajo, estudios e innumerables pruebas y errores, algunas personas comenzaron a notar cómo me estaba poniendo más en forma y cómo comenzaba a interesarme mucho por el tema. Esto hizo que muchos amigos y caras nuevas vinieran a verme y me pidieran consejos de entrenamiento. Al principio, parecía extraño cuando la gente me pedía que los ayudara a ponerse en forma. Pero lo que me mantuvo en marcha fue cuando comenzaron a ver cambios en su propio cuerpo y me dijeron que era la primera vez que veían resultados reales. A partir de ahí, más personas siguieron viniendo a mí, y me hizo darme cuenta después de tanto leer y estudiar en este campo que me ayudó pero también me permitió ayudar a otros. Ahora soy un entrenador personal totalmente certificado y he entrenado a muchos clientes que han logrado conseguir resultados sorprendentes.

Hoy, mi hermano Alex Kaplo (también Entrenador Personal Certificado) y yo somos dueños y operadores de esta empresa editorial, donde traemos autores apasionados y expertos para escribir sobre temas de salud y ejercicio. También tenemos un sitio web de ejercicios en línea llamado "HelpMeWorkout.com" y me gustaría conectarme con usted invitándolo a visitar el sitio web en la página siguiente y registrarse en nuestro boletín electrónico (incluso obtendrá un libro gratis). Por último, si usted está en la posición en la que estuve una vez y quiere orientación, no lo dude y pregúnteme ... ¡Estaré allí para ayudarle!

Su amigo y entrenador,

George Kaplo
Entrenador Personal Certificado

Consigua otro libro gratis

Quiero agradecerle por comprar este libro y ofrecerle otro libro (largo y valioso como este libro), "Errores de salud y de entrenamiento físico que no sabe que está cometiendo", completamente gratis. Desafortunadamente este libro solo está disponible en inglés. Aún espero que disfrute este regalo.

Visite el siguiente enlace para registrarse y recibirlo: www.hmwpublishing.com/gift

En este libro, voy a desglosar los errores más comunes de salud y de entrenamiento físico, probablemente estés cometiendo en este momento, y le revelaré cómo puede llegar fácilmente a la mejor forma de su vida.

Además de este regalo, también tendrá la oportunidad de conseguir nuestros nuevos libros de forma gratuita, entrar en sorteos y recibir otros correos electrónicos de mi parte. De nuevo, aquí está el enlace para registrarse: **www.hmwpublishing.com/gift**

Copyright 2018 de HMW Publishing - Todos los derechos reservados.

Este documento de HMW Publishing, propiedad de la compañía A & G Direct Inc, está orientado a proporcionar información exacta y confiable con respecto al tema y el tema cubierto. La publicación se vende con la idea de que el editor no está obligado a prestar servicios calificados, oficialmente autorizados o de otro modo calificados. Si es necesario un consejo, legal o profesional, se debe ordenar a un individuo practicado en la profesión.

De una Declaración de Principios que fue aceptada y aprobada por igual por un Comité del American Bar Association y un Comité de Editores y Asociaciones. De ninguna manera es legal reproducir, duplicar o transmitir cualquier parte de este documento en forma electrónica o impresa. La grabación de esta publicación está estrictamente prohibida, y no se permite el almacenamiento de este documento a menos que cuente con el permiso por escrito del editor. Todos los derechos reservados.

La información provista en este documento se afirma que es veraz y coherente, en el sentido de que cualquier responsabilidad, en términos de falta de atención o de otro tipo, por el uso o abuso de cualquier política, proceso o dirección contenida en el mismo es responsabilidad absoluta y exclusiva del lector receptor. Bajo ninguna circunstancia se responsabilizará o responsabilizará legalmente al editor por cualquier reparación, daño o pérdida monetaria debido a la información contenida en este documento, ya sea directa o indirectamente. La información en este documento se ofrece únicamente con fines informativos, y es universal como tal. La presentación de la información es sin contrato o con algún tipo de garantía garantizada.

Las marcas comerciales que se utilizan son sin consentimiento, y la publicación de la marca comercial es sin el permiso o el respaldo del propietario de la marca comercial. Todas las marcas comerciales y marcas dentro de este libro son sólo para fines de aclaración y pertenecen a los propios propietarios, no están afiliados a este documento.

Para más libros visite:

HMWPublishing.com

www.ingramcontent.com/pod-product-compliance
Lightning Source LLC
Chambersburg PA
CBHW062147100526
44589CB00014B/1721